AVIS IMPORTANT

Pour toute demande de représentations professionnelles, s'adresser à l'agence Drama 24, rue Feydeau 75002 Paris
Fax : + 33 1 45 08 42 07 ou par email : dramaparis@dramaparis.com

Pour toute demande de représentations amateurs, s'adresser à la SACD 11, bis rue Ballu 75442 Paris Cedex 09
Tél. : + 33 1 40 23 44 44

Aucune représentation ne peut avoir lieu sans l'accord préalable des auteurs ou de leurs représentants

Le jeu de la vérité

Philippe LELLOUCH

Éditions ART ET COMÉDIE
2, rue des Tanneries
75013 PARIS

Le jeu de la vérité

a été créée en 2005 à la Comédie de Paris

Avec

Vanessa Demouy, Philippe Lellouche,
David Brécourt et Christian Vadim

Mise en scène de Marion Sarraut

Reprise au Théâtre Tristan Bernard à Paris en 2005-2006

En tournée à travers la France en 2006-2007

NOTE DE L'AUTEUR

J'ai tant aimé et j'aime encore tellement les films chorale sur l'amitié. Ceux qui nous viennent en tête sont souvent – et à juste titre – des films de Claude Sautet bien sûr comme : « Vincent, François, Paul et les autres… » ou encore ceux d'Yves Robert comme : « Un éléphant ça trompe énormément »… Souvent dialogués d'ailleurs par l'immense Dabadie… Et souvent, je me suis dis en regardant ces chefs-d'œuvre d'humour et de bons sentiments qu'aujourd'hui les protagonistes seraient différents. Eh oui ! Les quadragénaires ont changé… Ils rient probablement des mêmes choses et ont vraisemblablement les mêmes emmerdes de carrière et de couple, mais ils ont changé… Nos parents étaient en pleine maturité à quarante ans ; aujourd'hui, on a l'impression que c'est l'âge où l'on sort petit à petit de l'adolescence… Cette fameuse « adulescence » exaspérante dont tout le monde parle… On préfère avoir l'air jeune. On paye des impôts mais on écoute du rock. Si on peut, pour aller travailler, on oubliera la cravate au profit de la même paire de baskets que nos enfants… Les quadras d'aujourd'hui, c'est la génération des « un peu perdus ». Nés entre 1960 et 1970, entre des valeurs traditionnelles de la France d'après-guerre et les nouvelles règles sociales émergentes de 1968 et de son « interdiction d'interdire », c'est naturellement que les quadras étaient prédestinés à être une génération test. Alors ils essuient le défi de la parité, les plaisirs de la liberté sexuelle et de ses dérives aussi, et surtout ils auront été les premiers à expérimenter les nouvelles donnes de la famille recomposée… Tant de matière à réfléchir, mais surtout à rire… Parce que dépêchons-nous d'en rire pour ne pas en pleurer, comme disait l'autre, m'a poussé à investir ce crénau des nouveaux quadras et à écrire ce premier tome du « Jeu de la vérité » qui, quel que soit l'avenir, aura été pour moi la plus merveilleuse aventure de ma vie d'artiste, à écrire et à jouer…

Philippe LELLOUCH

La salle à manger d'un appartement parisien assez branché. Jules, d'un air satisfait, fignole les derniers préparatifs de la table dressée pour quatre personnes. On sonne à la porte. Il va ouvrir. Pascal apparaît. Il est tiré à quatre épingles, très élégant, en costume-cravate. Ils s'embrassent.

PASCAL - Laisse ouvert, Fabrice arrive, il vient enfin de trouver une place. Dans ta rue, c'est sportif. Ça faisait une demi-heure qu'il tournait… *(Reprenant son souffle, se dirigeant vers le canapé.)* Tu vas bien ?

JULES - Super bien… *(Il se recule pour mieux le détailler.)* Oh ! la vache ! T'es joli ! C'est pas super jeune comme style, mais c'est joli… Remarque, t'es pile dans ta fonction : quand on te voit, c'est assez facile de penser que t'es directeur commercial.

PASCAL - Ah ! O.K., d'accord ! On est obligé de commencer par des vannes… Ben oui, tu m'excuses, j'ai un vrai métier, moi… Je ne peux pas arriver sapé comme un ado attardé…

JULES - Attends, tu plaisantes ? Hoggans dernier modèle, jeans Diesel, chemise 416… J'en ai pour cinq mille balles sur le cul… Un ado habillé comme moi faut qu'il ait des parents blindés…

Il se dirige vers le bar pour sortir de quoi servir à boire. Au même moment, Fabrice entre discrètement dans la pièce, le sourire aux lèvres, content d'être déjà dans l'ambiance. Il embrasse Pascal, puis Jules qui les rejoint avec un plateau dans les mains.

PASCAL - Mais Janson de Sailly en est peuplé, mon petit bonhomme… Mais, en plus, eux ne disent pas « cinq mille balles », mais « sept cent cinquante euros »…

FABRICE *(à Pascal)* - Non mais il se fout de toi, Pascal, il connaît très bien Janson de Sailly, c'est là qu'il chasse… *(À Jules.)* Dis-moi, Jules, la petite Sandrine avec qui tu es venu voir le foot à la maison, elle était au moins en terminale, non ?

JULES *(se disculpant presque)* - Séverine… Elle s'appelle Séverine… Et elle est en deuxième année des cours Florent…

PASCAL *(riant)* - Ah oui ! Une apprentie comédienne, en plus ! Tu vas finir comme Eddie Barclay. C'est pathétique…

FABRICE - Remarque, elle est appétissante… On ne peut pas dire que la classe soit son atout majeur, mais elle est appétissante.

JULES *(offusqué)* - Attends, elle est très mignonne, qu'est-ce que tu racontes ?

FABRICE *(paternaliste)* - Enfin, Jules, à peu de choses près, tu pourrais être son père… En plus, franchement, on dirait presque un tapin… Je t'assure, que tu viennes avec elle à la maison, moi, tu sais bien que je m'en fous, mais vis-à-vis d'Isabelle, j'étais gêné…

JULES *(amusé de la mauvaise foi de Fabrice)* - Oh non ! Mais je rêve ! Un tapin ? Elle est mignonne comme tout… Tu dis ça parce qu'elle est blonde et qu'elle a des gros seins, c'est tout… Et puis qu'est-ce que tu viens mélanger Isabelle à ça ? Elle en a rien à foutre. C'est avec moi qu'elle sort, pas avec toi…

PASCAL *(changeant de camp)* - C'est pour ça qu'il était gêné : c'est parce qu'il aurait bien aimé la grimper…

Ils rient de bon cœur et trinquent.

JULES *(à Fabrice)* - En tout cas, Fabrice, t'es un héros. À trente-huit ans, ça fait seize ans que tu es avec la même femme. Enfin, moi, je t'admire.

PASCAL - La stabilité. Ce mot a été inventé pour lui. Il est stable dans tout ce mec-là : il est de droite depuis qu'il a quinze ans… Du lycée jusqu'à son doctorat de droit, en passant par une licence de science politique, il n'a jamais retapé une année… Il a deux p.-v. pour mauvais stationnement par an… Il est avec Isabelle, qu'on aime, d'ailleurs…

JULES *(renchérissant)* - Qu'on adore !

PASCAL - Oui, qu'on adore… depuis sa deuxième année de fac…

JULES *(ironique)* - Il a eu sa période rebelle, quand même ! Tu ne te souviens pas, le 16 Février 1980, quand il a acheté l'album « Highway to hell » d'AC/DC ?

PASCAL - Ah oui ! C'est vrai. Là, j'avoue que c'est le moment où l'on a eu peur de te perdre. Je pense que ça doit être la seule vraie inquiétude de tes parents cet achat contestataire…

FABRICE *(amusé de la moquerie de ses copains)* - Non, ils ont été très inquiets au moment de mon soutien à Balladur… Moi aussi, d'ailleurs…

PASCAL - Oui, mauvaise pioche.

JULES *(ironique)* - Pourtant, je ne comprends pas. Voilà un mec que je sentais vachement proche de moi, proche de notre époque… Peut-être un peu trop populo…

PASCAL - Attends, pour Fabrice, Chirac c'est un punk !

JULES *(changeant de sujet, à Fabrice)* - Bon, comment elle va notre Isa nationale ?

FABRICE - Bien. Elle va bien. Elle me tanne pour en avoir un troisième, mais là, je te dirais que je n'ai pas super envie de remettre le nez dans les couches, les biberons et tout le merdier…

JULES - Ce n'est pas moi qui vais te dire le contraire.

PASCAL - Ni moi non plus.

FABRICE - Non, mais pour être tout à fait honnête, il faudrait qu'un enfant, il ait tout de suite six, sept ans, tu vois. Qu'il puisse tout de suite tenir des conversations, tout ça…

PASCAL - Ah ! ben ce serait l'idéal ! On pourrait tout de suite l'emmener au tennis, au foot, il ne nous emmerderait pas des mois et des mois la nuit, il ne nous collerait plus la honte au restaurant, on n'aurait plus à changer la table basse et tout ce qu'il y a dessus…

JULES - Et puis faudrait être sûr que ce soit un garçon. Et même moi, je signe.

FABRICE - C'est vrai, moi, j'adore mes enfants, vous le savez…

JULES et PASCAL *(opinant de la tête et pressés d'entendre la suite)* - Oui, oui…

FABRICE - Mais franchement quand ils sont bébés… Ça nous attendrit dix minutes par jour et, le reste du temps, ça nous fait chier.

JULES et PASCAL *(opinant de la tête de la même façon)* - Oui, oui…

JULES - On est tous d'accord : le problème, c'est qu'on nous oblige de plus en plus à penser autrement, à penser contre-nature, en quelque sorte…

Pascal - Non, non. Je t'arrête tout de suite. Il y a des mecs qui adorent s'occuper de leurs bébés, de les nourrir, de les changer. Qui connaissent par cœur les marques de lait et leurs dosages dans le biberon, qui savent au gramme près combien leurs mômes pèsent à quatre mois, qu'on le numéro du pédiatre en mémoire, tout ça…

Jules - T'en connais beaucoup, toi, des mecs comme ça ?

Pascal - Perso, non. Mais t'en vois plein à la télé… Dans les reportages, chez Delarue… Enfin, ce genre d'émission-là, quoi…

Jules *(sûr de lui)* - Voilà ! La grande manipulation médiatique !

Fabrice *(se moquant abusément de Jules)* - Mais oui, tu as raison, on est victime d'un infâme complot, Mel Gibson.

Jules *(à Fabrice)* - Mais tu ne crois pas si bien dire ! Primo : s'il y en avait autant que ça, des mecs pareils, on n'aurait pas besoin de te les montrer à la télé… Genre : regardez, ils sont au tableau d'honneur… Deuzio : le Roi Lion, mon pote. Et ça, c'est pas innocent.

Pascal *(ne comprenant pas)* - Le Roi Lion ? Excuse-moi mais là, je ne te suis pas vraiment…

Fabrice *(rieur)* - Oh ! putain ! Ça sent l'énorme analyse de fond, ça !

Jules *(content de son effet)* - Quand on était mômes, nous on a eu Bambi, O.K. ?

Fabrice *(faussement demeuré)* - Oui, Casimir aussi, et le Capitaine Flam…

Jules *(agacé)* - Oui, bon… *(Reprenant sa démonstration.)* Si tu analyses Bambi dans sa globalité… Quand Bambi naît, tu vois son père seulement au début du film. On te montre un cerf majestueux, fier de sa progéniture, mais c'est tout, tu ne le revois plus… Bambi est tout le temps avec sa mère, elle lui apprend tout… Si, tu revois un peu le père au milieu du film, tu sais, le grand cerf majestueux qui vient en haut d'un rocher jeter un œil bienveillant sur sa petite famille. Et c'est fini, tu ne le revois plus qu'à la fin du film, tu sais, quand la mère de Bambi est morte et qu'il vient pour sauver Bambi des flammes…

Pascal *(attentionné)* - Ouais, eh ben ?

Fabrice *(toujours moqueur)* - On peut prendre quelques minutes, là ? Parce que moi, Bambi, à chaque fois, ça me remue…

Jules *(poursuivant)* - Eh bien, vingt ans après, le même studio te ressort un film : « Le Roi Lion ». C'est exactement le contraire ! Tu vois vaguement la mère au début et hop ! c'est fini ! Tu ne la revois plus. Le petit est totalement élevé par son père. En gros, il y a trente ans, on te signifiait que l'ordre social c'était que la mère élève les enfants pendant que le père veille au bon fonctionnement matériel de sa famille, pour ne prendre le relais qu'à l'adolescence, moment crucial où l'enfant a besoin de son père. Et depuis dix ans, eh bien, on t'amène gentiment à penser que la mère ne sert plus à rien et que le père doit être là tout le temps…

Fabrice - D'ailleurs, on se demande ce qu'elle fout tout ce temps-là, la mère du Roi Lion…

Pascal - Ben, elle va faire des courses et dépenser la fortune du royaume… J'ai toujours pensé que c'était une salope, cette Reine Lion…

Fabrice - Ouais, en tout cas, je me vois mal expliquer à Isa ta théorie du Roi Lion à sept heures du mat', quand elle me demande d'aller m'occuper des gosses…

JULES - Mais il ne faut pas lui dire ça seulement à sept heures du mat' ! Faut leur dire ça tout le temps, dès le départ. Il faut leur rabâcher qu'elles ont épousé des maris, pas des pères…

FABRICE *(fataliste)* - Trop tard. Le pli est pris.

PASCAL - Eh ben, moi, au moins, j'ai plus ce genre de problème. Ça me coûte cinq mille balles par mois de pension pour ne plus avoir ce genre de problème…

Jules et Fabrice marquent un temps. Ils sont un peu gênés.

FABRICE - Ça s'arrange un peu avec Virginie ?

PASCAL - Disons que ça s'est calmé. J'ai les gosses le mardi soir et un week-end sur deux. On arrive à se parler sans trop s'engueuler. Je crois que les petits se sont bien faits à la situation. *(Se voulant drôle et rassurant.)* Enfin, le classique des divorcés, quoi !

JULES *(voulant relancer l'ambiance)* - Putain, quand je vous entends, c'est une pub pour le célibat. Bon, quelle heure il est là ?

Pascal et Fabrice regardent leurs montres.

PASCAL - Neuf heures moins dix…

FABRICE - Moins huit. Pourquoi ?

JULES - Vous n'avez rien remarqué ?

FABRICE - T'as été chez le coiffeur…

Pascal sourit.

JULES - Mais que t'es con !

FABRICE - À chaque fois que ma femme me pose ce genre de question, c'est ce que je réponds dans la seconde, ça marche toujours. Ou alors c'est que tu t'es fait faire les ongles ; mais dans le cas présent, j'y crois moins…

JULES - Non, mais sérieux. Vous n'aviez pas vu que sur la table il y a quatre couverts ?

PASCAL *(presque en colère)* - Ah non ! Jules ! Je te préviens : si tu nous refais le coup de la pute, moi, je me casse. Je suis venu pour dîner avec mes potes, j'ai pas du tout l'humeur à ce genre de connerie…

FABRICE *(amusé)* - Attends, c'était marrant. Cher, mais marrant.

JULES - Mais non ! Attendez ! Rien à voir !

PASCAL *(à Fabrice)* - Tu parles ! Trois mille balles pour sa danse toute pourrie, en plus elle avait un gros cul mou !

JULES *(essayant de se faire écouter)* - O.K., mais là ce n'est pas ça du tout…

FABRICE *(à Pascal)* - Dis donc, si ma mémoire est bonne, tu t'étais fait un peu tripoter les glinches au travers du pantalon, quand même, non ?

PASCAL - Comme toi ! Mais c'était pour ne pas gâcher l'ambiance ! Enfin, tu m'excuseras, mais c'est pas mon plus grand souvenir érotique quand même, hein…

JULES *(attirant enfin l'attention)* - Oh ! je vous dis que ce n'est pas ça ! C'est mille fois mieux. C'est la surprise… du siècle.

PASCAL - Quelqu'un que l'on connaît ?

JULES - Obligé.

FABRICE - Qu'on aime bien ?

JULES - Grave.

PASCAL *(suspicieux)* - Un homme ou une femme ?

JULES - Une femme.

FABRICE - Adriana Karembeu !

PASCAL *(impatient)* - Bon, allez, balance !

JULES - Bon, je vous donne un indice.

PASCAL - T'es lourd ! Fais-nous gagner du temps, dis-nous qui c'est...

JULES *(à Pascal)* - Attends ! Bon, si je vous dis : classe de seconde, lycée Jeanne d'Arc ?

PASCAL - Non ?! Margaux ! Margaux Vernoux ? Je ne te crois pas.

FABRICE *(surexcité)* - Jure ! Jure que c'est Margaux !

JULES - Ben, je vous jure.

PASCAL *(heureux)* - Attends, c'est hallucinant ! Comment tu l'as retrouvée ?

JULES - Mais c'est elle qui m'a retrouvé ! Elle m'a écrit au théâtre en me disant : « Peut-être que tu ne te souviendras pas de moi... » Comme si c'était possible de ne pas se souvenir d'elle... Et dans la lettre elle avait mis son numéro de portable.

PASCAL - Et alors, elle est toujours aussi jolie ?

JULES - Au téléphone, j'ai eu du mal à m'en rendre compte.

FABRICE - Ah... Parce que même toi tu ne l'as pas revue ?

JULES - Pour vous dire la vérité, ce n'est pas faute d'avoir essayé, mais elle a préféré attendre que l'on soit tous les trois...

Pascal et Fabrice ont un sourire satisfait.

Pascal - Bon, mais elle t'a dit des trucs, un peu, genre si elle est mariée avec des gosses, dans quelle branche elle bosse, où elle habite…

Fabrice - Si elle a envie de coucher avec moi…

Jules - Non, elle ne m'a rien dit du tout… *(Il marque un temps, voyant l'excitation de ses deux amis.)* De toute façon, je vous annonce : dès que Margaux franchit cette porte, ça devient un match de rugby. Il n'y a pas d'amitié qui tienne, c'est chacun pour sa gueule… Il y a vingt ans, j'étais pas tout à fait au point sur le plan de la drague, j'ai raté Margaux, mais je ne la raterai pas deux fois.

Pascal - Ah ! ben là c'est clair, il y a bataille ! Moi, je donne tout dans la soirée. *(Rêveur.)* Margaux Vernoux ! Putain ! La bombe du lycée ! Alors elle… Elle, elle m'a fait rêver…

Fabrice - Eh bien, je constate avec stupeur que mes deux meilleurs amis sont des chiens… Des chiens qui ont la rage…

Pascal et Jules sourient.

Jules *(faussement compatissant)* - Ah oui ! Merde ! Je n'avais pas pensé à ça ! *(À Pascal.)* Le pauvre Fabrice, il ne peut pas bouger une oreille, lui… Il est marié… Ça c'est vraiment con alors !

Fabrice *(presque fâché devant la mine réjouie de ses amis)* - Oui, des clébards… Vous êtes des clébards… On n'a pas vu Margaux depuis vingt ans et le premier truc auquel vous pensez c'est de la sauter…

Jules et Pascal *(en se regardant)* - Normal !

Fabrice - Je tiens quand même à vous signaler que Margaux a aujourd'hui sensiblement notre âge et qu'en toute logique, vu le physique et le mental de cette nana, si elle n'est pas mariée, elle doit être sérieusement en main…

Pascal - Ouais, m'enfin, ce soir, elle vient seule, hein, Jules ? *(Jules acquiesce.)* C'est elle qu'a écrit à Jules qu'elle avait envie de nous revoir, donc on a quand même quelques raisons d'espérer… *(Moqueur.)* Enfin, Jules et moi…

Jules *(renchérissant)* - Si ça se trouve, elle est comme Pascal : elle vient juste de divorcer…

Fabrice *(énervé)* - Ah ouais ? Et si c'était moi, en fait, qu'elle avait envie de revoir ? Et si elle avait écrit à Jules en prétextant vouloir nous revoir tous les trois juste pour se rapprocher de moi ? *(Content de lui.)* Ah ! ah ! ah ! Vous auriez bien les boules !

Jules - D'accord, O.K., admettons. Ça fait vingt ans qu'elle rêve de toi et ce soir elle te dit : « Voilà, on s'est ratés il y a vingt ans, mais aujourd'hui, si tu veux de moi, je suis là. » Alors, tu fais quoi ?

Fabrice *(hypocrite)* - Mais j'en sais rien… Et puis c'est complètement con ton truc…

Pascal - Non, mais Jules a raison, imagine que ça arrive… Dis-nous ce que tu fais…

Fabrice *(faisant semblant de réfléchir, alors que Jules et Pascal se regardent, complices)* - J'en sais rien… J'imagine que je lui expliquerais ma situation familiale et que si malgré tout ça elle décide que quand même… Ben, on essaierait un moment, pour voir…

Pascal *(faussement choqué)* - Eh ben, mon salaud ! Et c'est nous que tu traites de chiens ! Eh ben, tu me déçois… Seize ans d'amour, un mariage, des enfants, tout ça qui saute en une soirée pour une fille que tu n'as pas vue depuis vingt ans… Eh ben, là, pour moi, c'est un mythe qui s'effondre… *(Il en rajoute des tonnes.)* Je suis déçu, déçu, déçu…

Fabrice - Mais je dis ça pour vous faire plaisir… Avec vos tests à la con…

Pascal *(ironique)* - Bien sûr, on le sait que tu réponds ça pour nous faire plaisir.

Jules *(tragédien)* - De toute façon, rassure-toi, Fabrice, moi qui suis ton ami, je ne te laisserais jamais mettre ton mariage en péril. J'irais immédiatement voir Isa et je lui raconterais tout avant qu'il ne soit trop tard… Et après je consolerais Margaux du mieux que je peux, je te le jure !

Pascal *(sur le même ton)* - Oui, moi non plus je ne te laisserais pas faire. J'irais avec Jules !

Fabrice *(faussement blessé)* - Je suis sûr, en plus, que si je trompais Isa, vous iriez me balancer… C'est pour ça que si ça m'arrivait un jour, eh bien, je ne vous le dirais même pas…

Jules - Holà ! Pascal, je crois qu'on vient de lever un lièvre !

Pascal *(à Fabrice)* - Tu as trompé Isa ?

Fabrice - Pas du tout.

Jules - Tu vas la tromper ?

Fabrice - Mais non !

Pascal - T'as envie de la tromper ?

Fabrice *(comme un enfant pris en faute)* - Oui. Mais je n'ai pas envie d'en parler.

Jules - De toute façon, ça ne s'explique pas ce genre de chose. Moi, je n'ai toujours pas trouvé la raison pour laquelle dès que j'ai couché avec une fille j'ai déjà envie d'une autre, alors…

PASCAL - Oui, mais toi, t'es un malade, c'est différent. Tu le sais, ça, quand même, que t'es malade ?

JULES *(souriant)* - Ouais, je le sais… Moi, je le sais. En tout cas, Fabrice, je te rassure malgré tout : si tu trompes Isa, moi je ne le dirai jamais… Sauf si c'est Margaux, parce que si c'est Margaux, tous les coups sont permis… *(Le téléphone sonne.)* C'est elle ! *(Il va jusqu'au téléphone et répond. Pascal et Fabrice écoutent dans un silence religieux.)* Oui, Margaux ! Comment vas-tu ?… Ben super bien… On est là, tous les trois, on t'attend… Ils sont super contents… Ah oui ! Je sais, c'est un enfer pour se garer dans le quartier… Alors c'est au 5 et le code c'est A1995… Ah non ! Ne t'inquiète pas pour ça, je suis au rez-de-chaussée… La porte en face de toi… O.K., à tout de suite… *(Il raccroche et rejoint ses amis.)* C'est bien les gonzesses ça ! Elle m'a demandé à quel étage j'étais parce qu'elle n'aime pas les ascenseurs…

PASCAL - Si ça se trouve c'est devenu un pou… On aurait l'air con.

FABRICE - Évidemment, ça gâcherait un peu la soirée, on aurait plus qu'à évoquer les souvenirs de lycée… Mais franchement, vu comment elle était à quinze ans, je vois mal comment elle aurait pu mal vieillir, parce qu'elle était super méga bonne…

JULES - Oui, moi, je rejoins un peu Fabrice parce que, bon, je ne l'imagine pas moche. Effectivement, son passé plaide en sa faveur. Elle ne peut pas non plus être devenue débile ou vulgaire… Je viens de l'entendre au téléphone pour la deuxième fois et sa voix me fait toujours autant d'effet, elle est super sensuelle… Non, mais en revanche elle a forcément vieilli… Et une femme, ça marque vachement plus que nous…

FABRICE - Attends, elle a trente-cinq ans ! Oh !… C'est Margaux que l'on attend, pas Liz Taylor !

PASCAL *(à Fabrice)* - Mais tu sais bien que, pour lui, dès qu'elles ont passé vingt-cinq ans elles sont ménopausées…

JULES - Non, mais sans déconner, les femmes, quand elles vieillissent, même si ça ne se voit pas trop, à part les ridules au coin des yeux…

PASCAL - Moi, j'aime bien ça les ridules alors je m'en fous !

FABRICE - Moi aussi j'aime bien ça.

JULES - Non, mais moi aussi je m'en fous, ça leur donne du charme. En revanche, ce que je n'aime pas c'est leur peau…

PASCAL - Quoi, la peau ?

JULES - Eh bien, une femme, passé trente ans, elle a la peau molle…

FABRICE *(outré)* - Mais qu'est-ce que c'est que ces conneries ? Elles ont la peau molle ! Je suis désolé mais, Isa, elle a trente-cinq ans aussi et elle a pas la peau molle !

JULES - Parce que t'es habitué, alors tu ne t'en rends plus compte…

PASCAL - C'est vrai que moi, du temps de Virginie, je faisais pas gaffe, mais depuis que je recommence à être sur le marché, il faut admettre que, plus jeune, c'est plus ferme…

FABRICE *(encore plus outré)* - Isa, elle a la peau super ferme, d'abord, elle fait du sport deux fois par semaine, et puis ça dépend des femmes, vous ne pouvez pas faire des généralités à la con comme ça… Moi, je vois pour Isa : après avoir accouché de notre deuxième enfant, elle avait un ventre super plat, super ferme. Même son gynéco lui a dit !

Jules *(simulant la peur)* - Si ça se trouve, Isa c'est une mutante ! *(On sonne à la porte. Ils se taisent immédiatement et bêtement ne bougent plus. Puis, à voix basse, excité.)* Allez vous cacher !

Les deux autres s'exécutent. Jules attend qu'ils aient fini de se cacher pour ouvrir la porte. Au moment où la porte s'ouvre et que Jules arbore son plus beau sourire, il se fige, comme s'il était victime d'une hallucination.

Margaux *(off, la voix enjouée)* - Bonjour Jules ! *(Elle entre sur scène et les spectateurs découvrent qu'elle est en fauteuil roulant. Jules la rejoint, la mine déconfite.)* Tu ne m'embrasses pas ? Où sont les autres ?

Jules s'apprête à répondre, tandis que jaillissent bêtement Fabrice et Pascal des deux côtés de la scène. En voyant Margaux dans le fauteuil, ils sont pétrifiés. Un long silence s'installe, alors que Margaux, souriante, les regarde tour à tour.

Margaux - C'est incroyable ! Vous n'avez pas changé ! Bon, Fabrice a un peu plus de cheveux blancs, vous avez tous un peu forcis, mais sinon, c'est dingue, vous n'avez pas changé ! *(Les trois garçons, ne sachant pas quoi faire de leurs corps, restent immobiles à la regarder.)* Vous allez rester au garde-à-vous toute la soirée ou bien vous allez vous asseoir à un moment… histoire que l'on soit tous au même niveau ? *(Les trois se dirigent quasiment en file indienne vers le canapé. Margaux s'installe auprès d'eux.)* Alors, s'il vous plaît, débarrassez-vous des questions qui vous gênent pour qu'après on puisse savourer nos retrouvailles… Parce que là, vous avez trois bonnes têtes de coincés.

Jules *(hésitant)* - Qu'est-ce qui t'est arrivé ?

MARGAUX - Un accident de moto, en 1999, avec mon petit ami qui, lui, a eu moins de chance.

PASCAL *(cynique)* - Moins de chance ?

MARGAUX *(durcissant un peu le ton, en regardant Pascal)* - Oui, moins de chance, sauf si on considère que de se déplacer en fauteuil c'est pire que d'être mort.

PASCAL *(très gêné)* - Non mais c'est pas du tout ce que je voulais dire mais…

JULES et FABRICE *(pour rattraper la boulette de Pascal et en le punissant des yeux)* - Évidemment… Bien sûr…

MARGAUX *(souriante à nouveau)* - Donc voilà, je suis paraplégique depuis six ans après avoir fait un an et demi d'hôpital.

FABRICE *(naïvement et gentiment)* - Et tu peux guérir ?

MARGAUX - Je ne suis pas malade, Fabrice, je suis une personne handicapée… Et pour répondre à ta question : c'est définitif.

JULES *(doucereux)* - Faut nous excuser, Margaux, mais forcément on ne s'attendait pas à ça…

MARGAUX - Mais ne vous inquiétez pas, je le sais bien et c'est très volontaire de ma part ! Si je t'avais prévenu quand tu m'as appelée, Jules, vous vous seriez préparés à nos retrouvailles et vous vous seriez mal préparés… Vous n'auriez pas osé me poser toutes ces questions, vous vous seriez inquiétés de tout et, surtout, vous m'auriez parlé toute la soirée sur ce ton que vous êtes déjà en train de prendre qu'est le ton de l'hôpital… Vous n'avez pas besoin de me parler à voix basse, mes oreilles ne sont pas plus malades que moi… Tout va bien ! *(Un temps. Elle les regarde avec tendresse.)* Au lycée, vous étiez mes meilleurs copains ; restez-le. Faites toutes les gaffes du monde, on s'en fout ! Mais de grâce ! J'ai déjà le droit à ça avec mes parents, mes oncles, mes tantes et tous ces anonymes à la bonne conscience qui me demandent chaque jour dans la rue si je veux qu'ils poussent mon fauteuil… Alors, s'il vous plaît, pas vous…

PASCAL - Alors là, j'ai eu du bol ! J'ai failli te poser la question tout à l'heure quand on s'est dirigés vers le canapé…

L'ambiance est beaucoup moins électrique. Tout le monde se détend un peu.

JULES *(se levant)* - On était au champagne. Je te sers une coupe ?

MARGAUX - Volontiers.

FABRICE *(s'empressant de lui emboîter le pas)* - Je vais t'aider.

PASCAL *(idem)* - Moi aussi !

MARGAUX *(excitée comme une puce)* - Alors, les garçons, racontez-moi tout ! Bon, Jules, je sais déjà un peu, il est pas marié, pas d'enfants, il drague comme un forcené. Enfin, Jules, quoi ! Mais vous ?

JULES *(du bar, très enjoué)* - Holà ! Attendez ! Attendez ! J'ai une super idée, là !

FABRICE *(ironique)* - On t'écoute. Il faut savoir profiter des choses rares !

JULES - Est-ce que vous vous souvenez à quoi l'on jouait tout le temps quand on était à Jeanne d'Arc ?

PASCAL *(désabusé)* - Le jeu de la vérité… *(À l'intention des deux autres.)* Il a jamais lâché l'affaire avec ce jeu, c'est sa technique de drague.

FABRICE - Tu avais raison, Pascal : c'est vraiment un ado attardé…

MARGAUX *(se souvenant, amusée)* - Le jeu de la vérité… Oh là là ! Je n'ai pas joué à ça depuis vingt ans… Moi, je veux bien jouer, ça m'amuse…

PASCAL *(bougon)* - Pff ! C'est lourd !

FABRICE - Allez, Pascal, c'est marrant !

PASCAL - Mais personne dit la vérité à ce jeu ! Ça sert à rien… Puis, en plus, pour Jules, c'est facile : lui, il est surentraîné…

JULES *(fier de lui)* - Oui, c'est vrai, je suis surentraîné parce que moi, monsieur Pascal, je dis toujours la vérité…

FABRICE - Oui, alors toi, n'en fais pas trop non plus…

MARGAUX - Allez, Pascal, on joue ! Moi, ça me fait plaisir… Allez !

PASCAL *(forcé)* - O.K. Mais c'est pas moi qui commence.

JULES *(ravi)* - Bon, alors petit rappel des règles. On pose une question. Celui à qui la question est posée est obligé – donc en fait doit s'obliger lui-même – à répondre la vérité. Une fois qu'il a répondu, il pose à son tour une question à la personne de son choix. C'est bon pour tout le monde ?

PASCAL *(moqueur)* - Non, ré-explique des fois qu'on serait devenus débiles… C'est un jeu de cour d'école et il nous explique ça comme si c'était les règles du bridge !

JULES *(se justifiant)* - C'est pas aussi con que tu le dis. Figure-toi que ce jeu a été remis à la mode par Sartre et les existentialistes parce qu'ils considéraient, contre l'adage qui prétend le contraire, que toute vérité est bonne à dire et…

MARGAUX *(qui l'interrompt, moqueuse)* - Oui, alors ça, effectivement, ça sent le truc que tu racontes aux minettes pour mieux les séduire. Parce que bon, que ce jeu nous amuse, ça c'est sûr, mais de là à vouloir se justifier intellectuellement de jouer à un jeu de crétin…

Pascal et Fabrice sourient.

FABRICE - Ah! elle a gardé la niaque la Margaux, hein! Ça te change des peaux dures!

MARGAUX *(incrédule)* - Les peaux dures?

FABRICE - Oui, il t'expliquera sûrement tout à l'heure sa théorie sur les peaux molles et les peaux dures…

JULES *(un peu gêné)* - Oui, bon… On joue, là, ou quoi?

PASCAL - Attends, ressers-nous à boire avant. J'ai soif, moi!

JULES - Dis-moi, tu sais où c'est! T'es collé à ton siège… *(Réalisant sa bourde.)*… ou quoi…

Margaux pousse sur son fauteuil en direction du bar pour aller chercher la bouteille de champagne.

PASCAL - Quel tact… Bravo!

FABRICE - Ah! il n'y a pas à dire : t'es vraiment le meilleur!

JULES *(à Margaux)* - Excuse-moi, Margaux, je suis un gros bourrin…

MARGAUX *(souriante, en revenant du bar)* - T'inquiète pas, mon Jules, c'est normal au début… Tout va bien… *(Avec ironie.)* Tout roule… Bon, on y va? Qui commence?

FABRICE - Allez, j'attaque! Bon, on va démarrer doucement… Alors, Pascal, est-ce que tu penses que tu vas te remarier un jour?

PASCAL - Plutôt crever.

FABRICE *(en riant)* - Comment il abuse !

MARGAUX - T'es sérieux ?

PASCAL - Attends, je mens pas, c'est le jeu de la vérité.

MARGAUX - Tu as été marié longtemps ?

PASCAL - Sept ans. Je vais te dire, Margaux : comme sûrement tous les mecs qui se marient, le jour où j'ai dit oui devant M. le maire, pour moi c'était pour la vie, je n'imaginais pas que j'allais divorcer un jour.

JULES - Un couple sur deux à Paris. C'est les stats.

PASCAL - Je l'ai super mal vécu.

MARGAUX - C'est elle qui est partie ?

PASCAL - Non, non, on a fait ça d'un commun accord. Ça n'allait plus depuis un petit bout de temps. Non, en fait, je nous en veux vachement à tous les deux. Je nous en veux de ne pas s'être battus suffisamment pour sauver notre mariage, ne serait-ce que pour les gosses…

MARGAUX *(attendrie)* - T'as des enfants ? Oh ! c'est super !

FABRICE *(un peu fier)* - Ouais. Benjamin huit ans…

JULES - … et Gabrielle quatre ans.

JULES et PASCAL *(contents)* - C'est nous les parrains.

PASCAL - Ils sont super sympas, tu verras… C'est pour ça que je m'en veux, tu vois. On les a fait passer de Disneyland au monde des adultes, comme ça, du jour au lendemain… Eux, ils avaient rien demandé.

JULES *(voulant remonter l'ambiance)* - Mais ils vont super bien tes marmots ! Ils ne souffrent que seulement si toi tu souffres.

PASCAL *(agacé par les interventions de Jules)* - Mais qu'est-ce que t'en sais, toi ? Tu me fais marrer ! T'en as des enfants ?

JULES *(se sentant un peu bête)* - Non, mais je lis des livres…

PASCAL - Et puis alors le divorce, au secours. Les discussions sur la pension, les avocats et tout le bordel… Quand j'étais au milieu de la tourmente, il y a un truc qui m'obsédait – tu vas voir, c'est ridicule – c'est l'idée qui fallait que je recommence tout. Racheter une machine à laver, par exemple. C'est con, hein ? Eh ben, ça me faisait chier d'avoir à racheter une machine à laver. Tout ce qui m'avait paru formidable lorsque je me suis installé pour la première fois en couple, c'est devenu un enfer d'imaginer d'avoir à le refaire… En fait, de divorcer, ça m'a mis un coup de vieux.

MARGAUX *(lui prenant la main)* - Oui, mais tu as toujours tes beaux yeux verts…

JULES *(agacé)* - Oui, enfin, en même temps, d'aller acheter une machine à laver avec sa femme, même la première fois, j'ai du mal à imaginer que c'est éclatant…

Margaux ne dit rien. Elle continue de regarder Pascal avec tendresse.

FABRICE - Bon, allez, on garde le rythme ! À toi, Pascal, de poser une question.

PASCAL - Bon, eh bien, Fabrice, justement, tiens… Est-ce que tu as déjà trompé Isa ?

FABRICE - T'es un enculé !

Jules *(très content de la question de Pascal)* - Ah! c'est le jeu de la vérité, mon pote, t'es obligé de répondre! Allez, on t'écoute…

Fabrice *(à Pascal)* - À ma prochaine question, je t'assassine.

Margaux *(amusée)* - Je crois que tout le monde attend ta réponse, Fabrice…

Fabrice *(hésitant)* - Ben… Oui… Enfin, pas vraiment, sauf si vous considérez qu'embrasser c'est tromper…

Jules - Avec qui?

Fabrice - C'est une autre question, ça! Je ne suis pas obligé de répondre. *(Les autres râlent. Il enchaîne, de mauvaise foi.)* On a dit une question à chaque fois! À moi d'en poser une… Jules, quand est-ce que tu t'es branlé pour la dernière fois?

> *Tous éclatent de rire sauf Jules, qui pour une fois semble vraiment gêné.*

Jules - Ah! vraiment, c'est élégant! Excuse-les Margaux… Vraiment, c'est nul en plus comme question! J'en sais rien, en plus, vraiment…

Margaux *(rieuse)* - Hop! hop! hop!… On a dit pas de mensonges! Ne sois pas gêné, Jules. Il n'y a pas de mal à se faire du bien, d'autant plus que pour vous, les hommes, il paraîtrait que ça diminue les risques de cancer de la prostate… Alors, c'était quand?

Jules *(désabusé)* - Hier soir.

Fabrice - Et tu pensais à qui?

Jules *(irrité)* - Bon, ça va bien maintenant…

Pascal *(à Fabrice)* - Jules, je sais pas, mais moi, la dernière fois, j'ai pensé à ta sœur…

Les autres rient.

FABRICE *(vraiment outré, comme un enfant)* - Oh non! La vache! Non!!! Pas la famille, merde! C'est pas drôle!

Les autres rient à nouveau.

JULES - O.K., c'est la guerre, alors plus de cadeaux… Margaux…

MARGAUX *(joueuse)* - Oui, Jules, vas-y, fais-moi mal!

JULES - Non, mais ne me dis pas ça non plus! Parce que ça ne m'énerve pas, ça m'excite…

PASCAL - C'est un malade, faut le savoir.

JULES - Bon, alors Margaux… Est-ce que tu peux encore faire l'amour?

MARGAUX - Heureusement! Le problème, c'est qu'à part quelques malades que je décèle assez rapidement, les hommes qui me plaisent ne portent plus ce genre de regard sur moi. Moi qui, avant, avais plutôt des problèmes pour attirer l'attention sur autre chose que sur mon corps, aujourd'hui je souffrirais davantage du fait qu'ils ne me regardent plus comme une femme. Le fauteuil, c'est pas glamour et, même si on ne dort pas avec, les gens ne voient que ça… Qu'un fauteuil. Comme je dis souvent : « L'usine fonctionne, mais il n'y a plus grand monde pour venir visiter le magasin. »

FABRICE - Je ne sais pas mais, moi, je te trouve toujours super mignonne.

PASCAL - Et puis fauteuil ou pas, t'es vachement sexy.

JULES - Je crois que je te mettrais bien un coup.

MARGAUX - Vous, je vous adore! Mais attention aux promesses! Bon, c'est à moi de poser une question, je crois… Alors, Fabrice… Qui est la jeune femme avec qui tu as trompé ta femme?

Jules et Pascal applaudissent la question.

FABRICE - Ah! d'accord! Vous êtes tous contre moi?… Pas de problème. Elle s'appelle Géraldine, elle a trente ans et c'est l'attachée de presse du ministre pour lequel je bosse.

MARGAUX - Tu fais de la politique? Je ne savais pas! Remarque, c'est vraiment fait pour toi.

FABRICE *(modestement)* - Oui, enfin, je suis chef de cabinet, il n'y a pas de quoi non plus…

PASCAL - Oui, parce que t'es fainéant! *(Prenant les autres à partie.)* Ça fait des mois que son ministre l'incite à se présenter aux prochaines régionales, mais monsieur fait la danseuse…

JULES - C'est pas comme ça qu'il aura son fauteuil de ministre! Et moi j'ai envie qu'il soit ministre! Ministre de la Culture ça m'irait encore mieux, il me pistonnerait sur des rôles… Et puis c'est classe d'avoir un pote ministre.

FABRICE *(se justifiant)* - Je bosse déjà dix heures par jour! Si en plus le week-end il faut que j'aille me faire chier à serrer des paluches à l'amicale de la pétanque de Souppes-sur-Loing, je vais craquer!

PASCAL *(moqueur)* - Finalement, t'es pas fait pour être ministre, t'es fait pour être roi. Les plus hautes fonctions sans effort.

JULES - Ouais, enfin, le goût de l'effort, on ne peut pas dire que c'est ce qui nous caractérise dans l'ensemble! Et pas seulement nous! Toute notre génération. Nous, les enfants des années soixante, soixante-dix, on a eu de trop bons parents. Eux, ils sont nés pendant ou peu de temps après la guerre, alors ils nous ont donné tout ce qui leur avait été refusé. On a eu le manque de rien. On a été frustrés de rien. Or, moi, je suis sûr que c'est la frustration qui donne l'envie.

PASCAL - Pour avoir eu une super jeunesse, on a eu une super jeunesse ! C'est pour cela qu'on ne veut pas en sortir. Le dîner de ce soir en est le plus bel exemple.

FABRICE - Mais c'est pour ça qu'on nous a appelés « la génération Peter Pan » ! Seulement, maintenant qu'on s'approche de la quarantaine, on réalise que de réussir sa vie, ça ne vient pas tout seul, alors on flippe. Je rêvais d'être président, Jules d'être De Niro et Pascal d'être Bill Gates… On a forcément raté un épisode.

JULES - Oui, celui du travail.

MARGAUX *(souriant)* - Je vous trouve bien pleurnichards tout à coup. Voyez, mes hommes, moi, mon problème ce n'est plus de savoir si je vais choisir entre BM et Mercedes, mon problème à moi c'est de connaître la taille des trottoirs d'une rue pour savoir si je vais pouvoir m'y rendre. Mon problème, c'est de prier pour qu'il y ait pas une ordure qu'a pris ma place de personne handicapée devant chez mon épicier. Mon problème, c'est toujours et pour tout de savoir si je peux aller là où j'ai envie d'aller. *(Un temps. Redevenant gaie.)* Cela dit, ça doit être bon d'être pété d'oseille et de rien foutre.

FABRICE - Il nous reste le loto.

PASCAL - L'Euro Millions, c'est encore mieux.

JULES *(dépité)* - Quand je pense qu'il y a des crétins pour jouer au Tac o Tac… C'est marrant que même dans les jeux de chance il y en a qui n'ont aucune ambition.

PASCAL - C'est presque le comble du pessimisme.

FABRICE - Non, le pessimisme c'est de ne pas jouer du tout, parce qu'on est sûr de ne pas gagner.

MARGAUX - Moi, un de mes passe-temps favoris, c'est d'imaginer ce que je ferais avec tout cet argent si je gagnais…

Jules - Ça c'est ce qu'on fait tous et c'est même pour ça que ça marche aussi bien… N'empêche que, Fabrice, on t'a coupé dans ton élan, tu nous parlais de…

Pascal - De Géraldine…

Jules - De Géraldine, voilà. Alors ?

Fabrice - Alors quoi ? Je vous ai répondu…

Margaux - Oui, enfin, c'était un peu court ! Comment l'as-tu rencontrée, pourquoi elle t'attire, tout ça quoi !

Fabrice - Je vous l'ai dit : on travaille pour le même ministre. On se voit tous les mercredis soir au cabinet. Quoi vous dire ? Elle est charmante, célibataire…

Jules - Charmante ou jolie ? Parce que souvent quand un mec dit d'une fille qu'elle est « charmante », ça veut dire qu'elle est pas jolie.

Fabrice - Oui, mais elle, elle est les deux.

Pascal - Alors pourquoi elle est célibataire ?

Fabrice *(agacé)* - Mais j'en sais rien ! Vous me faites chier à la fin avec vos questions ! Elle a un boulot super prenant, ça ne lui laisse pas suffisamment de temps pour le reste. Enfin, c'est ce qu'elle dit…

Margaux - Tu la fréquentes depuis longtemps ?

Fabrice - Je la connais depuis six mois et… *(Insistant.)*… je la fréquente depuis trois semaines.

Jules *(comme choqué)* - Quoi ?!… Et en trois semaines tu l'as déjà embrassée ?! Mais tu es un animal !

Fabrice - Excuse-moi d'être marié ! J'essaie d'éviter de me mettre trop en danger, c'est tout !… Au début, je voyais bien que je lui plaisais et ça me flattait, d'autant plus que je la trouvais vachement bien moi aussi, mais ça s'arrêtait là. Et puis, petit à petit, je me suis rendu compte que tous les mercredis j'attendais avec impatience la réunion. Et puis, un soir, on a fini tard et je l'ai invitée à dîner…

MARGAUX - Et tu es tombé amoureux…

FABRICE - Pas du tout. Je sais que vous allez trouver ça surprenant, mais je suis encore et toujours très amoureux d'Isa. Enfin, d'Isabelle, ma femme… Tu verras, Margaux, c'est vraiment quelqu'un de bien. Une femme formidable et une très bonne mère… Non, c'est juste que c'est génial d'être regardé à nouveau comme un homme. Elle me trouve plein de qualités. Elle m'admire. Et bêtement ça me flatte.

MARGAUX - Mais je suis sûre que ta femme aussi elle t'admire, sinon elle ne t'aurait pas fait d'enfants.

FABRICE - J'espère, oui. Mais elle ne me le dit plus. Et puis je vois plus ce petit truc qu'il y avait dans ses yeux, au début, quand on était ensemble. Je sais que c'est puéril, mais ça fait du bien à un homme d'être regardé comme un héros. Et pour Géraldine je suis ce héros-là.

PASCAL - Ah ! ce putain de quotidien ! On commence avec des yeux de velours et des bouquets de fleurs et l'on finit par ne se parler que des factures et des mômes… Il faudrait pouvoir saisir ce moment de merde où les rapports basculent… Je ne sais même pas au bout de combien de temps ça arrive…

JULES - Dès qu'on a baisé. Il faut que les hormones exultent. Vous avez remarqué comme au début d'une relation on baise tout le temps ? Et à chaque coup tiré c'est un peu de magie qui disparaît. Et l'on finit par ne plus baiser, tout simplement parce qu'il n'y a plus de magie dans le couple.

FABRICE - Quel poète ce Jules !

MARGAUX - N'empêche que tu joues un jeu dangereux, Fabrice, avec cette fille. Et puis ne prends pas trop les femmes pour des saintes nitouches ! Comme elle sait que tu es marié, il y a deux solutions : soit elle te caresse dans le sens du poil juste pour se faire sauter par le beau gosse du cabinet… À la limite c'est ce qui peut t'arriver de mieux… Soit elle veut une belle histoire d'amour et là t'es dans la merde…

FABRICE - Oui, je sais bien.

PASCAL - Le fait est que tu n'arrêteras jamais cette relation tant que tu n'auras pas couché avec elle. C'est évident.

FABRICE - C'est pour ça que je suis tiraillé, parce d'un côté j'en ai super envie…

JULES - Ça, j'imagine.

FABRICE - Et d'un autre côté, si je le fais, je vais super mal le vivre. Je l'ai jamais trompée en seize ans… Je ne pourrais plus me regarder dans la glace.

MARGAUX - Et pourquoi tu n'essaies pas d'en parler à ta femme ? Peut-être qu'elle comprendrait très bien…

JULES *(rieur)* - Non ! Il est frileux mais pas débile, quand même !

PASCAL *(sur le même ton)* - Oui, en général, c'est le genre de chose qu'il vaut mieux garder pour soi.

FABRICE *(idem)* - Sauf si j'ai envie de me faire arracher les yeux, mais je me vois mal lui dire : « Tu sais, Isa, j'ai envie de coucher avec une fille du bureau, je sais pas quoi faire, qu'est-ce que tu en penses ? »

MARGAUX - C'est typiquement une réaction de mec, ça ! Vraiment, vous ne comprenez rien aux femmes. Même si dans un premier temps, effectivement, elle peut très mal prendre que tu sois attiré par une autre, si tu lui donnes les mêmes explications qu'à nous, moi je pense qu'elle finira par penser que tu l'aimes vraiment. D'autant plus que c'est rare pour un homme, justement, d'éviter à sa femme l'humiliation d'être cocue en lui en parlant avant.

PASCAL - Oui, mais s'il fait ça, il se crame le coup définitivement.

MARGAUX *(à Pascal)* - Mais arrête de dire ça ! Sa femme pourrait peut-être trouver une certaine excitation dans la complicité et, pour le coup, elle pourrait pousser Fabrice à le faire…

Les trois garçons ont un rire moqueur.

FABRICE - Non, alors là, je t'arrête tout de suite : ça ne peut absolument pas arriver… S'il y a bien une chose dont je suis sûr c'est bien de ça…

PASCAL *(ironique, à Margaux)* - Margaux, on ne vit pas dans un film porno.

JULES - Malheureusement…

MARGAUX - C'est marrant comme vous êtes coincés, quand même, quand il s'agit de la sexualité de vos femmes… En fait, ça vous révolte que vos femmes puissent avoir des fantasmes à la hauteur des vôtres. Si je vous ai bien compris, vous aimeriez épouser des Blanche-Neige et vous détendre avec des salopes. C'est ça ou je me trompe ?

JULES, PASCAL et FABRICE - C'est exactement ça.

FABRICE *(amusé)* - Et toi, Margaux, t'es dans quel camp ?

Margaux - Eh bien, moi, je m'adapte. Si je suis en couple, je suis en couple ; et quand je suis célibataire, je profite de ma liberté. Mais dans un cas comme le tiens, Fabrice, j'aimerais bien être mise au courant.

Jules - Ben voyons ! Pardonne-moi, Margaux, mais ça aussi c'est typiquement une réaction de femme ! Parce que, en théorie, vous êtes toutes super cool face à ce genre de situation, mais en pratique au secours ! Quand tu commences à parler de ces trucs avec ta nana, elle va te le ressortir en pleine tête à la première engueulade : « Ouais, ben si t'es pas content, t'as qu'à aller voir ta copine la pute ! » Je connais l'histoire.

Pascal *(opinant)* - Il a raison.

Fabrice - De toute façon, je verrai bien ! Mais mine de rien ça m'a fait du bien d'en parler… Bon, c'est à moi de poser une question. Pascal, chose promise, chose due… Est-ce que tu pourrais coucher avec Margaux ?

Pascal, outré, reste silencieux.

Jules *(colère froide)* - Tu vas peut-être un peu loin, là, non ?!

Margaux *(très sereine)* - Pourquoi ? Je suis une question taboue ?

Pascal *(gêné)* - Non, c'est juste que… Non, mais je vais répondre. *(Un temps.)* Non, je ne pourrais pas. Je te trouve toujours aussi jolie, charmante, intelligente et tout ça, mais je ne pourrais pas, parce que… *(Au bord des larmes.)* Parce que ça me fait peur. Ton fauteuil, ton handicap, tout ça… Quand je t'ai vue arriver tout à l'heure, j'ai eu envie de hurler de rage et de peur… De rage parce que c'est pas juste, que ce soit pour toi ou pour quelqu'un d'autre, je ne trouve ça pas juste. Et de peur parce que je sais que c'est complètement con et, je meurs de honte de te le dire, mais j'ai l'impression que si je te regarde avec trop d'insistance ou que je te touche, ça va m'arriver…

Un long silence ému s'installe.

MARGAUX *(souriant tristement)* - Merci Pascal.

JULES *(essayant de faire comme si de rien n'était)* - Bon, moi j'ai la dalle. On commande les pizzas ?

MARGAUX - Moi, je veux bien, je meurs de faim !

PASCAL - Moi aussi j'en peux plus. T'aurais peut-être dû les commander avant ?

JULES *(agacé)* - Ouais, j'aurais peut-être dû, mais je le fais maintenant.

MARGAUX *(à Jules)* - Je peux utiliser tes toilettes ?

JULES - Bien sûr. *(Indiquant.)* Première porte à gauche.

Margaux disparaît à cour, alors que Jules va téléphoner fond de scène. Fabrice est resté silencieux, gêné.

FABRICE *(à Pascal, à voix basse)* - Excuse-moi, je voulais juste faire le con…

PASCAL - C'est assez réussi ! *(Un temps.)* Laisse tomber, va !

FABRICE - Non, mais comme tu m'avais piégé sur le coup de la branlette, j'ai voulu te renvoyer…

PASCAL - C'est bon je te dis, t'en fais pas…

JULES *(du fond)* - Je fais un mélange de « reine » et de « quatre fromages », ça vous va ?

PASCAL et FABRICE *(portant la voix)* - Très bien !… Parfait !

FABRICE *(toujours à Pascal, sur le même ton)* - En même temps, ce que tu as dit c'était super émouvant et super vrai, je n'aurais pas su le formuler comme cela et ce n'est pas loin de ce que je ressens moi aussi.

PASCAL *(agacé)* - Oh!!! C'est bon maintenant, tu me lâches?! Tout va bien, je ne t'en veux pas, O.K.?

JULES *(revenant)* - Qu'est-ce que vous vous dites?

MARGAUX *(off)* - Quelqu'un peut venir m'aider? Je suis désolée, mais les toilettes ne sont pas adaptées!

> *Les trois se regardent, pétrifiés. Chacun leur tour, ils se font « non » du doigt.*

PASCAL *(à voix basse, à Jules)* - C'est chez toi, c'est à toi d'y aller!

JULES *(à voix basse, de mauvaise foi)* - Pourquoi? Je vois pas le rapport.

FABRICE *(à voix basse, impatient)* - Bon… Allez, il faut qu'il y en ait un qui y aille, on ne peut pas la laisser comme ça!

PASCAL *(à voix basse, pressé)* - Ben vas-y, toi!

MARGAUX *(off)* - Vous inquiétez pas, je déconne! Il y a longtemps que j'ai pris l'habitude… Merci quand même pour votre enthousiasme et votre rapidité!

> *Les trois garçons ont un soupir de soulagement.*

FABRICE *(gêné, élevant la voix pour se faire entendre)* - Non, mais on allait venir!

MARGAUX *(off)* - Qui allait venir?

FABRICE et JULES *(dénonciateurs et amusés)* - Pascal!

JULES - Bon, alors, qu'est-ce que vous vous disiez?

PASCAL *(sans trop élever la voix)* - Ben, on se disait : putain, quel choc quand même de la voir comme ça !

FABRICE - T'imagines jamais que ça peut arriver à des gens que tu connais. Encore moins à une jolie gonzesse…

JULES - Moi, ce qui me scotche, c'est de voir à quel point elle s'en sort bien… Je veux dire moralement… Tu me diras, on la voit cinq ans après son accident… Ça n'a pas dû être rose tous les jours !

PASCAL - Tu imagines rien que les un an et demi d'hôpital ?

FABRICE - Ah ! j'étais à des années-lumière de m'attendre à ça ! Sinon, elle n'a pas changé, elle est vraiment jolie…

MARGAUX *(revenant, gaie)* - Qu'est-ce que vous vous racontez, mes hommes ? Vous dites encore du mal de moi ?

PASCAL - Non, non, on disait que c'était à moi la question…

MARGAUX - Exact. On t'écoute.

PASCAL - Jules, ça fait un bon moment que je t'observe avec les mômes de Fabrice, et puis aussi avec les miens, on voit bien que t'aimes ça les gosses… Alors je me demande souvent si ça ne te manquais pas, si t'avais pas envie d'en avoir à toi…

FABRICE *(faussement outré)* - Putain, c'est super indiscret comme question ! Si ça se trouve, il ne peut pas en avoir et là tu vas nous le mettre mal à l'aise…

MARGAUX *(moqueuse)* - Oh ! je ne crois pas ! Jules, tu as eu les oreillons avant tes quatorze ans, non ?

JULES - Je peux répondre ?… Merci. Déjà, il faudrait que je trouve la mère.

PASCAL - Oui, mais si tu chasses que des filles de vingt ans, t'es à l'abri de la bonne surprise normalement !

FABRICE - Oh oui ! Là, il est peinard ! C'est à partir de vingt-cinq ans que l'idée des mômes ça ne les lâche plus.

MARGAUX *(en colère)* - Oh non ! Pas toi, Fabrice ! Nous, on a une horloge biologique que vous n'avez pas ! Vous, vous pouvez faire des gosses à plus d'âge. Nous, avant trente ans c'est le top, de trente à quarante c'est raisonnable, après quarante c'est sportif donc dangereux, et après quarante-cinq c'est pathétique.

JULES - Oh ! mais arrête de l'agresser ! En plus il a vachement raison ! C'est obsessionnel chez les femmes : dès que tu es avec une fille de plus de vingt-cinq ans et que tu es avec elle depuis une semaine, elle tourne autour du pot pour savoir si tu as envie d'enfants !

FABRICE *(didactique)* - La femelle cherche le reproducteur !

JULES - Bien sûr !

FABRICE - Il y a des lois naturelles auxquelles nous n'échappons pas.

PASCAL - Jules il y arrive bien, lui, à y échapper ! Et je voudrais bien comprendre…

MARGAUX - Moi aussi.

JULES *(pas très à l'aise)* - Il n'y a pas grand-chose à comprendre. Bien sûr que, dans l'absolu, j'ai envie d'enfants. Mais pour faire des enfants il faut aimer. Et moi, j'ai peur d'aimer et encore plus de l'engagement irréversible que ça suppose. À chaque fois que je suis tombé amoureux, je l'ai bien pris dans mon cul alors… Souvenez-vous de ce que Pascal nous disait tout à l'heure : « Je la comprends, moi, sa douleur. » J'ai pas envie de faire vivre ça à mes gosses…

PASCAL - Ne dramatise pas non plus ! Et puis, il y a des mariages qui tiennent ! Regarde Fabrice.

JULES - Super exemple !

FABRICE *(surpris)* - Ben quoi ?!

PASCAL - Oui, bon, pas en ce moment… Mais je ne sais pas, moi… Regarde nos parents !

JULES - Tu ne peux pas comparer, c'était une autre époque.

MARGAUX - C'est vrai, mais ils ne sont pas non plus de l'époque des mariages forcés et de l'interdiction du divorce…

FABRICE - Non, mais on en revient au goût de l'effort dont on parlait tout à l'heure… La vie de couple, c'est du boulot.

JULES - Et puis il y a toujours mieux. Et nous on est la génération du mieux. C'est la société de consommation qui nous a niqué la tête. Tiens, regarde comme les vendeurs de portables l'ont bien compris. Tu as vu comment tous les trois mois ils nous sortent un nouveau modèle et nous, comme des benêts, on en a tout de suite envie ! Moi, j'irais même jusqu'à casser le mien pour avoir enfin une bonne raison d'acheter celui qui vient de sortir…

FABRICE *(riant, un peu gêné)* - Moi, je l'ai déjà fait ça…

JULES - Ouais, eh bien, c'est la même chose dans le couple ! On rencontre quelqu'un qui nous paraît mieux que la personne avec qui l'on vit, eh bien, hop ! on casse pour aller chercher le mieux !

PASCAL - Il faut dire que des gonzesses mieux que ma femme, il y en a plein les rues… Qu'est-ce qu'il y a comme belles gonzesses ! Moi, ça me rend malade…

MARGAUX - Rassurez-moi, s'il vous plaît ! Vous ne voyez quand même pas l'amour avec autant de cynisme ? *(Elle les interroge du regard.)*

JULES - Eh bien, moi, Margaux, malheureusement, je n'ai plus beaucoup de doutes…

PASCAL *(un peu moins sûr)* - Vu ce que je vis en ce moment, je ne serais pas loin de penser pareil…

FABRICE *(encore moins sûr)* - C'est certes un peu caricatural, mais bon…

MARGAUX *(un peu indignée)* - Mais le sentiment, il dure, il est profond le vrai sentiment d'aimer. Vous ne pouvez pas comparer l'achat d'un nouveau portable avec une rupture ! Et puis, si je lis bien entre les lignes, pour vous quelqu'un de mieux c'est quelqu'un de plus beau ?!

PASCAL - N'exagère pas non plus ! *(Cherchant du regard l'appui de ses copains.)* Mais bon, une jolie fille, c'est plus facile à aimer qu'un boudin !

JULES et FABRICE - C'est sûr… Évidemment…

MARGAUX - Eh bien, pardonnez-moi, mais vous me décevez. Il me semble que vous êtes un peu restés des petits cons malgré vos âges et vos fonctions ! Vous parlez de votre époque de superficialité, mais vous en êtes les acteurs principaux. Tout est dans l'apparence, n'est-ce pas ? Eh bien, heureusement que vos femmes, enfin pour ceux qui en ont… *(Foudroyant du regard Jules.)*… n'ont pas les mêmes critères de sélection que vous parce que, sans vouloir vous froisser, physiquement vous n'êtes pas non plus des foudres de guerre et malheureusement votre ramage ressemble à votre plumage ! Les femmes ont une âme, des désirs, des rêves et des envies de simplicité qui vous échappent. Elles ont grandi et pas vous. Moi, moi, moi! Vous n'avez que ce mot-là à la bouche!

JULES *(méchamment)* - Dis donc, Margaux, c'est depuis que tu es dans un fauteuil que tu t'es transformée en Mère Teresa?

Les trois autres restent interloqués de la violence des propos de Jules.

FABRICE - Oh! Jules! Détends-toi là…

MARGAUX *(très calme)* - Non, laisse-le parler, ça m'intéresse…

JULES *(à Margaux)* - Je pense que tu as oublié qui tu étais au lycée, alors je vais te rafraîchir la mémoire. Margaux Vernoux, la plus jolie fille du lycée. On était en seconde, tu sortais avec des mecs de terminale parce que, nous disais-tu à l'époque, ils avaient des voitures.

PASCAL *(souriant)* - C'est vrai que ça nous énervait bien…

JULES - Pour nous aimer, tu nous aimais! Mais tu nous aimais juste bien. On se serait damnés pour un baiser de toi. *(À ses copains.)* C'est vrai ou pas?

FABRICE *(content)* - Moi, j'ai failli l'avoir mon roulage de pelle, sur « Hôtel California » à la boum de Yann en juin 1981. Tu te souviens, Margaux?… Ah! je ne suis pas passé loin ce jour-là!

Margaux, l'air réjoui, fait un signe signifiant qu'elle a oublié.

PASCAL *(à Fabrice)* - Ah oui! La boum de Yann… Ça a failli être un bon souvenir pour moi aussi…

JULES *(poursuivant)* - Pour nous, Margaux, tu représentais LA femme. On rêvait comme trois benêts que tu tombes amoureuse de l'un de nous, on aurait fait n'importe quoi pour toi et tu le savais bien. Fabrice avait l'avantage d'être beau et brillant en classe, Pascal d'être… *(Hésitant un moment.)*… élégant… Et moi? Il me restait le rôle du drôle, moi!… Tu m'as épargné de sortir avec l'un des deux parce qu'à cette époque-là, j'en serais mort, je crois.

FABRICE *(moqueur, désignant Jules du doigt)* - Jules, acteur tragédien de grande renommée, qui n'en fait jamais des caisses…

JULES *(très sérieux)* - Mais je ne déconne pas. Elle, elle le sait, j'étais super amoureux d'elle. Pendant que je vous donnais le change, je lui ai écrit des centaines de lettres où je lui disais que j'étais amoureux d'elle. J'avais seize ans que je voulais déjà l'épouser…

MARGAUX - Jules, tu courais après toutes les filles… D'ailleurs, tu n'as pas changé.

JULES - Mais c'était de ta faute. Après chacune de mes lettres, tu me répondais que j'étais « gentil » et que ma lettre était très « mignonne ». Est-ce que l'on peut faire plus humiliant?

PASCAL - C'est surtout le côté « mignon » et « gentil » qui flingue.

FABRICE - Parfois, il vaudrait mieux une bonne baffe dans la gueule tout de suite.

JULES - Alors oui, je courais après les autres filles, pensant naïvement que ça allait peut-être te rendre jalouse et que tu allais enfin te décider, à la boum du week-end d'après, à m'inviter pendant le quart d'heure américain.

MARGAUX *(un peu gênée)* - Je suis désolée. Je n'étais qu'une gamine…

JULES - Ah oui? Eh bien, c'est là où je ne suis pas d'accord avec toi. Parce que si tu n'avais pas eu ce terrible accident, Margaux, tu serais peut-être restée cette fille qui ne voit que les plus beaux d'apparence, tu serais peut-être restée celle à qui tu nous accuses de ressembler.

Margaux - C'est fort possible, tu as raison… Alors pardon si je vous ai fait souffrir il y a vingt ans.

Fabrice - Tout va bien, t'en fais pas.

Pascal - No problemo.

Jules - J'accepte tes excuses.

Pascal - En fait, si on réfléchit bien, au début de nos vies d'homme, on aime comme il faudrait toujours aimer : sans calcul. C'est à cause des nanas qu'on veut devenir forts, beaux et riches.

Fabrice - Tu peux même mettre « riches » tout seul. Parce que quand tu es riche, les femmes finissent par te trouver beau et fort.

Jules - S'il n'y avait pas les femmes, on s'en foutrait bien de la réussite.

Margaux *(rieuse)* **-** Mais vous êtes d'une mauvaise foi à toute épreuve ! Vous aussi vous donnez le « la » dès le plus jeune âge. Vous, au lycée, vous étiez attirés par les plus belles, si j'en crois ce que vous me dites et, nous aussi, les filles, on aime en général le beau rebelle. Mais nous, par la suite, on passe à autre chose. Plus tard, nous allons davantage nous attacher à l'esprit, l'humour et l'envie de réussite d'un homme parce que ça nous rassure. Alors que vous, vous en restez au stade à vouloir encore et toujours la plus belle. Alors qui évolue moins vite que qui ?

Les trois garçons acquiescent.

Pascal - Et comme les jolies filles sont plus rares que les autres, on se bat comme des lions pour être au niveau.

Fabrice - Ça s'appelle la loi du marché.

Pascal - Finalement, on vit un rapport équitable. Alors, pour en revenir à Jules, jusqu'à présent tu flippais de te marier et d'avoir des enfants, mais tu n'en exclus pas la possibilité, c'est ça?

Jules fait un signe exprimant le doute.

Margaux - Moi, je pense qu'il est sur la voie de la guérison… *(Elle sourit à Jules gentiment.)* C'est à toi, Jules.

Jules - Bon, il fait quoi l'autre con avec les pizzas? Une demi-heure mon cul!

Fabrice - Il ne devrait pas tarder. Tu veux que je rappelle? Mais je ne suis pas sûr que ça fasse une demi-heure…

Pascal - Ah! si! Largement! Une demi-heure largement dépassée, même… Ouais, vas-y Fabrice… On sait jamais, des fois qu'ils aient paumé notre commande! Moi, je suis en train de m'auto-digérer tellement j'ai faim!

Fabrice se lève et va vers le téléphone.

Jules *(à Fabrice)* **-** Tu as le numéro à côté du téléphone…

Margaux - Moi, au bout d'un moment, j'ai plus faim tellement j'ai faim.

Pascal *(à Margaux)* **-** Ouais, c'est vrai! Il y a plein de trucs bizarres comme ça! Par exemple, certains soirs, je suis tellement crevé que je n'arrive pas à m'endormir…

Fabrice, fond de scène, interroge la société de livraison de pizzas au téléphone.

Margaux - Oui, c'est vrai! Ça m'arrive aussi! C'est insupportable, d'ailleurs.

JULES *(ironique)* - Et puis, parfois, il y a des conversations tellement passionnantes qu'elles sont super chiantes…

FABRICE *(revenant)* - Le mec est en route. Dis donc, t'as vu combien ils prennent pour cinq pizzas les voleurs ?… Soixante-cinq euros ! J'en ai marre d'avoir toujours l'impression de me faire niquer avec les prix !

PASCAL - Voilà un truc intelligent que tu pourrais dire à ton ministre.

FABRICE - Si les politiques avaient une quelconque influence sur la vie économique de ce pays, ça se saurait !

MARGAUX - Ah bon ?

FABRICE - Oui… Enfin, le mec est en route…

JULES - Combien il faut gagner ? C'est la question que je me pose tous les jours ! Combien il faut gagner pour vivre sans problèmes d'argent ?

FABRICE *(ironique)* - C'est pas l'un d'entre nous qui a la réponse…

PASCAL - Et pourtant, on n'est pas les plus mal lotis, c'est ça qui est incompréhensible. Le plus effrayant c'est d'imaginer comment font les couples qui gagnent le SMIC et qui ont des enfants ? C'est une horreur ! Aujourd'hui tout coûte un bras !

MARGAUX - Les Restos du Cœur distribuent six millions de repas par an et c'est toujours une association. Peut-être que les politiques devraient s'y attacher un peu plus aux problèmes économiques de ce pays ! Et aux problèmes humains un peu… Je vous épargne les conditions de prise en charge des personnes handicapées parce que ce n'est pas le thème de la soirée, mais il y a six millions et demi de personnes handicapées en France et il n'y en a pas des masses qui paient l'impôt sur la fortune.

PASCAL - En revanche, des politiques qui paient l'impôt sur la fortune il y en a pas mal je crois...

JULES *(sarcastique)* - J'aime assez notre courage ! Je suis fier de ces combats que l'on mène dans mon salon ! Remarquez, c'est mieux, c'est beaucoup plus confortable que dans la rue...

FABRICE *(sur le même ton)* - Oui, et puis dans la rue il fait froid et l'on se fait remarquer, alors que là, on exulte tranquillement notre révolte et l'on peut retourner le lendemain au bureau avec un semblant de bonne conscience...

PASCAL *(idem)* - C'est bon de servir à rien ! Dans l'évolution d'une société dans laquelle on se sent parfaitement mal à l'aise...

PASCAL, JULES et FABRICE *(levant le poing ensemble en riant)* - « No passaran ! »

MARGAUX *(souriante)* - Moi, je n'ai pas eu le choix. C'est le combat qui est venu à moi. Quand tu prends le fauteuil, tu prends les armes. De défendre les droits élémentaires des personnes condamnées à rester assises a été ma façon à moi de rester debout.

Les trois autres se sentent un peu mal à l'aise.

PASCAL - En fait, si on y réfléchit bien, on est la première génération de sans couilles.

FABRICE - Oui, enfin, pour les générations précédentes, la question se posait pas, il y avait la guerre comme passage obligé...

MARGAUX - Nos parents n'ont pas fait la guerre !

PASCAL, JULES et FABRICE - Ah ! si !

JULES - Si ! Ils nous ont libérés sexuellement à partir de soixante-huit.

FABRICE *(ironique)* - C'est vrai que je n'ai jamais eu de sympathie profonde pour les babas ou les hippies, mais là je dois dire que le combat était nécessaire.

JULES - Défiler pour niquer plus facilement, c'est vrai que ça donne envie de manifester.

MARGAUX *(riant)* - D'ailleurs, quand on y pense, l'idée de la libération sexuelle ça doit venir d'un homme. Mais retenez bien dans vos petites têtes de coqs qu'on a pu y prendre goût…

FABRICE - Bon, Jules, c'était à toi de poser une question… Ça fait deux siècles qu'on t'attend !

JULES - Tiens, ben, je te la pose à toi ma question… Puisqu'on parlait de libération sexuelle… Est-ce que t'as déjà eu envie d'aller ou est-ce que tu as déjà été dans une boîte à partouze ?

FABRICE - J'ai super envie d'aller dans une boîte à partouze, c'est un fantasme qui me tient depuis toujours…

MARGAUX - Eh bien, alors, pourquoi tu n'y vas pas ?

FABRICE *(choqué)* - Avec Isa ?! T'es malade ! Aller avec ma femme dans une boîte à partouze ?!

PASCAL *(amusé, à Fabrice)* - De toute façon, avec ta femme, ils ne te laisseraient pas entrer !

FABRICE - Enfin, Pascal, tu ne vas pas avec ta femme dans un club échangiste !

MARGAUX - Mais si tu n'y vas pas avec ta femme, avec qui t'y vas ?

JULES - Avec une pute.

PASCAL - Ou alors avec une très très bonne copine un peu salope.

MARGAUX - Mais vous êtes immondes ! Si tu aimes ta femme et si elle t'aime, tu te dois de lui dire ce qui te fait fantasmer ! Elle a le droit à ce genre de confidences, non ? Et puis, si ça se trouve, elle aussi elle a envie d'y aller avec toi…

FABRICE - Oui, j'étais sûr que t'allais me dire ça ! Ben c'est justement de ça dont j'ai pas envie. Si je voyais un type toucher à ma femme, je pourrais le tuer. Je m'échange moi, mais elle, je ne la prête pas !

PASCAL - Et puis accessoirement, le fantasme c'est d'y aller sans sa femme.

MARGAUX *(amusée malgré elle)* - O.K., je renonce. Dans ce cas-là, tu peux peut-être y aller avec Géraldine, ta petite attachée de presse ?

Les autres rient.

FABRICE - Très drôle, très fin…

JULES *(moqueur lui aussi)* - Vu qu'il a mis trois semaines à l'embrasser, il risque de ne pas touzer avant 2016.

Tout le monde rit. Un court silence s'impose. Ils se regardent tous avec tendresse.

MARGAUX - L'avantage de ce jeu, c'est de découvrir que l'on a tous nos petits et nos grands secrets…

Les autres acquiescent.

PASCAL - Moi, je pense qu'entre nous on devrait essayer de tout se dire tout le temps. En tout cas, moi, il n'y a qu'à vous que j'ai envie de tout dire… *(Un temps.)* Si vous n'aviez pas été là… Enfin, je parle surtout pour Fabrice et Jules, parce que toi, Margaux, tu avais disparu, mais je suis super heureux qu'on t'ait retrouvée…

MARGAUX - Moi aussi j'en suis très heureuse, Pascal…

PASCAL *(un peu triste et gêné)* - Ce que je veux dire, c'est que quand je me suis séparé de Virginie et des enfants, même si je ne le regrette pas, parce que aujourd'hui je vais bien, et puis évidemment c'était nécessaire… eh bien, si à ce moment-là si je ne vous avais pas eus, je ne sais pas si… enfin, j'aurais été encore plus mal et c'est vous… enfin, c'est con à dire mais… je vous aime, voilà. Et ça c'est la vérité que je ne pense jamais à vous dire.

Les autres sont émus. Fabrice lui tape sur l'épaule amicalement.

FABRICE - Alors si on est dans les confidences, moi, je vais vous dire : même si je suis apparemment le plus équilibré d'entre vous…

JULES - Oui, c'est gentil d'être copain avec nous qui sommes un peu débiles.

FABRICE - Oui, enfin vous m'avez compris ! Je suis marié depuis seize ans, je suis propriétaire de mon appartement, j'ai une bonne situation…

PASCAL - Oh là là ! Balladur, sors du corps de mon pote ! Immédiatement !

FABRICE - Bon, laissez-moi finir, merde !… Ce que je veux vous dire, c'est que derrière tout ce que j'ai, c'est-à-dire ma famille, mon argent, ma situation… Eh bien, ce qui me rassure le plus, c'est vous. Vous avez toujours été là et vous serez toujours là ; et ça, c'est vachement bien. Merci.

MARGAUX - À toi Jules.

JULES *(surpris)* - À moi quoi ?

MARGAUX - À toi de dire quelque chose à tes copains.

JULES *(mal à l'aise)* - Putain, il fait quoi l'autre avec ses pizzas ?!

MARGAUX *(avec un encouragement maternel)* - Jules ! Allez !

JULES *(bougon)* - Bon, eh bien, j'ai un truc super important à vous demander… Un service, en quelque sorte…

FABRICE *(gêné)* - Écoute, Jules, moi, je peux vraiment pas te dépanner de beaucoup, avec Isa on est en train de refaire les salles de bains alors…

PASCAL *(désabusé)* - Moi, je peux. Tu as besoin de combien ? Je viens de récupérer de l'argent sur ma part de la maison, je peux t'en passer si tu veux.

JULES - Non, non, merci…

Jules n'a pas le temps de répondre. Fabrice enchaîne…

FABRICE *(à Pascal)* - Mais il faut le placer cet argent ! T'as quelqu'un qui s'occupe de toi ?

PASCAL - Non, mais ça ne sert à rien, j'ai pas des milliards non plus et puis, moi, rien que les mots « Sicav » ou des trucs comme ça, ça me fout le cafard.

FABRICE *(paternaliste)* - Pascal, tu ne peux pas laisser cet argent dormir, il y a tout un tas de formules pour que cet argent te rapporte…

JULES *(à Margaux, agacé)* - Mais pourquoi personne ne m'écoute, moi ?

FABRICE *(toujours à Pascal)* - Moi, j'ai un conseil, un type formidable qui maîtrise parfaitement bien tous ces outils. Si tu veux, je peux te le présenter…

MARGAUX *(amusée)* - Dis donc, Fabrice, pour un type à la rue, t'es vachement entouré quand même…

Jules se renferme, vexé.

PASCAL *(moqueur)* - Ah! tu connais pas l'écureuil!

FABRICE *(gêné)* - Non, pas du tout. Je suis juste… prudent.

Jules se lève, énervé que personne ne l'écoute.

JULES - Bon, eh bien, je vais pisser puisque de toute façon tout le monde s'en fout de ce que j'ai à dire…

FABRICE - Excuse-nous! Bon ben vas-y, on t'écoute!

JULES *(continuant son chemin vers les toilettes)* - Trop tard!

PASCAL - Tu nous fais le mec vexé, là?

JULES *(off, des toilettes)* - Vous êtes des amis en carton. J'ai un truc super important à vous dire et vous en avez rien à foutre!

FABRICE et PASCAL - Mais pas du tout!

MARGAUX *(un peu agacée)* - Jules, arrête! Dis ce que tu as à dire, on t'écoute!

Jules réapparaît fond de scène.

JULES *(timidement)* - Je vais me marier.

PASCAL *(déçu)* - D'accord… À un moment j'ai cru que t'étais sérieux.

Comme Jules est toujours aussi mal à l'aise, Fabrice le remarque.

FABRICE *(à Jules)* - Tu déconnes là ou quoi?

JULES *(presque agacé)* - Non! Je vous dis que je vais me marier. C'est si extraordinaire que ça?

PASCAL *(sonné)* - Mais… euh… avec qui?

Jules - Avec une femme…

Fabrice *(ironique et agacé)* - Ah! ouf!… On a eu peur un moment que t'épouses un radiateur.

Pascal *(heureux et excité)* - Mais t'es insensé comme petit bonhomme! Tu vas te marier et tu nous dis rien? Mais c'est incroyable! Pourquoi tu nous as rien dit? On la connaît?

Jules *(heureux lui aussi)* - Ben, je ne pouvais pas vous dire ça comme ça! D'abord j'attendais ce soir qu'on se revoie, et puis je voulais être sûr de plein de trucs auparavant.

Fabrice - Mais c'est qui?

Margaux - C'est moi. *(Silence. Fabrice et Pascal se regardent, abasourdis, puis regardent Jules en attendant une réaction qui ne vient pas. Margaux se décide enfin à parler.)* J'espère que vous comprenez qu'il fallait que nous nous revoyions avant, non? Jules ne voulait pas de non-dit entre vous…

Un temps.

Pascal - Alors tout ce que l'on a vécu ce soir, vous l'aviez mis en scène?

Margaux - Oui. Vous nous en voulez?

Fabrice *(un peu agressif)* - C'est pas le problème, mais pourquoi ne pas nous avoir tout dit dès le début de la soirée?

Margaux - Parce que vous n'auriez jamais osé me poser toutes ces questions. Jules avait peur de vos réactions si nous vous avions fait une annonce brutale…

Pascal *(cachant mal son énervement)* - J'en sais rien, mais ce qui est sûr, c'est que je suis sur le cul… Ça fait beaucoup dans la même soirée. *(Il regarde Jules et s'adresse à lui.)* Et toi tu dis plus rien, l'idiot du village ?

JULES - Au lycée, je l'aimais déjà. Je crois qu'à bien y réfléchir, c'est la seule que j'aie jamais aimée. Quand on s'est retrouvés il y a trois semaines, tout m'est revenu comme si depuis vingt ans mon cœur était en sommeil. Seulement voilà : j'avais peur que vous ne me compreniez pas. Je vous aime tellement... J'avais peur ou bien que vous n'osiez pas me dire les choses, ou pire encore que vous essayiez de me dissuader parce que Margaux est en fauteuil. J'ai confié mes peurs à Margaux et j'ai suivi son conseil. C'est elle qui a eu l'idée de cette soirée, elle s'est dit que comme vous étiez mes amis et puis les siens autrefois, si vous la revoyiez, vous comprendriez sûrement...

FABRICE *(énervé)* - Eh bien, je suis désolé, mais moi je ne comprends pas. En vingt-cinq ans, je crois que c'est la première fois que tu nous prends vraiment pour des cons...

JULES - Attends, ne le prends pas comme ça, c'est nul...

PASCAL *(comme Fabrice)* - C'est nul ?! Mais vous nous avez pris pour qui ? Vous pensez que c'est plaisant d'être à notre place, d'être manipulés toute une soirée ? T'as vu ce que je viens de te dire à propos de notre amitié ? Eh bien, je le regrette.

Margaux observe en silence, gênée.

JULES *(tentant de se défendre)* - Mais merde, arrêtez ! On vient de vous expliquer qu'on ne savait pas comment vous le dire ! Ben dis donc ! Je ne m'attendais pas à vous trouver aussi susceptibles...

PASCAL *(lui coupant la parole, avec un ton naïf et donneur de leçon)* - On n'est pas susceptibles, on est fragiles, c'est différent. Et ses amis, on n'a pas besoin de leur mentir, parce qu'on peut tout dire à ses amis.

FABRICE *(se levant)* - Moi, je ne suis ni fragile, ni susceptible, je suis juste extrêmement fâché d'avoir été pris pour un con par mon meilleur ami et sa nouvelle conquête toute une soirée. Bonsoir et amusez-vous bien.

PASCAL *(imitant Fabrice)* - Ouais, bonne soirée.

Jules et Margaux les regardent sortir, un peu abasourdis.

JULES - Ah ! les sales cons ! Non mais je rêve !

MARGAUX - Ne dis pas ça ! Tu dois comprendre qu'ils aient pu se sentir trahis. C'est pas une façon habituelle de procéder entre vous… Laisse-les, ils vont se calmer.

JULES *(toujours sur les nerfs)* - Eux peut-être, mais moi pas !

MARGAUX - Arrête…

JULES - Non, je t'assure. Je leur présente la femme de ma vie et ils se comportent comme des gamins vexés. Ben voilà, c'est l'éternelle rengaine : tu trouves une femme, tu perds tes potes… Enfin, dans mon cas, ça a quand même été très très rapide !

MARGAUX *(maternelle)* - Je te dis qu'ils vont se calmer, tu n'as pas perdu tes copains, ne t'inquiète pas.

JULES *(désabusé et triste)* - T'en sais rien, tu ne les connais plus. Moi non plus d'ailleurs… C'est vrai que je m'y suis peut-être mal pris… Mais enfin, quand même, merde ! Ils ne me ratent pas…

MARGAUX - Tu veux que j'essaie de les rappeler ?

JULES *(en se levant pour aller vers elle)* - Non ! Je t'attends depuis toujours, ils reviendront ou ils ne reviendrons pas, tant pis. S'il faut choisir, je te choisis toi… *(Taquin.)* Enfin, pour l'instant.

MARGAUX *(souriante et heureuse)* - Salaud…

Ils s'embrassent. La porte s'ouvre brutalement. Fabrice et Jules reviennent.

FABRICE *(étonné)* - Alors tu nous laisses partir et tu nous rattrapes même pas ?

PASCAL *(souriant)* - T'as vu, nous aussi on sait jouer la comédie ! On a été pas mal, hein ?

Jules les prend tout à tour dans ses bras…

FABRICE - Eh bien, on est bien contents, mon pote, parce que je crois que cette fois-ci c'est la bonne… Pour que toi tu nous laisses partir pour une fille… pardon Margaux, pour une femme… c'est que c'est elle.

JULES - Merci Fabrice.

PASCAL - De toute façon, on était obligés de remonter, on a croisé le mec des pizzas… D'ailleurs, il t'attend…

JULES - Ah ! c'est moi qui…

PASCAL - Ah ! oui, mon petit bonhomme ! Ce soir, c'est toi qui régales !

Jules disparaît à cour. Fabrice et Pascal s'assoient très solennellement à côté de Margaux…

PASCAL *(à Margaux)* - Sinon, ça va le magasin en ce moment ? *(Ils sourient tous les trois… Vers Jules.)* Jules, j'ai un truc à te demander !

Jules réapparaît.

JULES - Je t'écoute…

PASCAL - C'est un service, en quelque sorte… Voilà, je voudrais que ce soit mes enfants, les enfants d'honneur.

Ils sourient tous, heureux.

JULES - Merci Pascal.

PASCAL - Regardez-le : il a dix ans !

FIN

3e trimestre 2007
Première édition, dépôt légal : septembre 2007
N° d'édition : 200737
ISBN : 2-84422-589-6